Ricarda Jaekel

Nördlich unterm Himmelswagen

Wege der Heilung

W0391667

edition fischer

Bibliografische Information der Deutschen Nationalbibliothek
Die Deutsche Nationalbibliothek verzeichnet diese Publikation in der Deutschen Nationalbibliografie; detaillierte bibliografische Daten sind im Internet über http://dnb.d-nb.de abrufbar.

© 2010 by edition fischer GmbH
Orber Str. 30, D-60386 Frankfurt/Main
Alle Rechte vorbehalten
Schriftart: Times
Herstellung: ef / NL
Printed in Germany
ISBN 978-3-89950-591-7

Ricarda Jaekel

Nördlich unterm Himmelswagen

Wer den Himmel nicht in sich
selber trägt, sucht ihn vergebens
im ganzen Weltall.

Otto Ludwig

Inhaltsverzeichnis

Nördlich unter'm Himmelswagen
springt der Elemente Kraft jung und wild hervor ins Leben
voll ungestümer Leidenschaft.
Welch wohliges Erschaudern schenkst du, geliebtes Sami-Land,
welch atemloses Staunen zieht mich in deinen Bann.

Sei froh mein Herz und lausche still dem ewigen Gesang der Taiga.
Entsprungen aus der Erde Schoß, sich stolz gen Himmel reckend,
singt sie, im Winde wiegend, das alte Lied des Nordens
von Klarheit, Reinheit, gleißend Licht, Standhaftigkeit und
Zuversicht.
Und in den Wipfeln hör ich's raunen:
Der Bäume Kraft und Urvertrau'n lebt tief in dir seit alter Zeit
und nährt den Drang zum höchsten Gipfel,
scheint dir der Weg auch noch so weit.

Sei froh mein Herz und lausche still dem ewigen Gesang
des Wassers.
Geboren aus der Gletscher Eis stürmt es hervor mit wilder Kraft.
Zum Strome schwellend, brodelnd und schäumend jauchzt es
voll junger Leidenschaft.
Kein Felsen, kein Abgrund, nichts hält es auf,
seine Gischt sprüht voll Freude zum Himmel hinauf.

Im Tale endlich kommt es zur Ruh, still liegt der Fluss und raunt
mir zu:
Ich bin ein Teil deiner Seele, das Gefühl und die Macht
über Schmerz, Freude und Leidenschaft.
Vertraue dem Leben in Glück und Weh, folg mir durch
Schluchten und Höhen
zum stillen, glasklaren See.

Sei froh mein Herz und lausche still dem ewigen Gesang
des Windes.
Er wiegt mit unsichtbarer Hand der Bäume Wipfel, der stolzen
Berge Gipfel
und streicht der Seen Silberglanz.
Meist flüstert er, dann hebt er tosend seine Stimme,
doch wenig später hält er inne und horcht hinein in die
Unendlichkeit der klaren Luft,
wo mir die Weisheit aus der Stille ruft:
Sei frei und weit in deinem Denken, sei in Gedanken klar und rein,
lass los das Grübeln, Zweifeln, Kränken,
dann wird das Leben dich beschenken und du wirst voller
Freude sein.

Sei froh mein Herz und lausche still dem ewigen Gesang der Sonne.
Des Feuers Urkraft ist es, die uns nährt, uns treibt hinauf zum
höchsten Gipfel.
Hier steh' ich nun im gold'nen Licht der Nacht des Nordens,

und gleißend hell zeigt sich die Botschaft in der Wolken Pracht:
Ich bin die Quelle allen Seins, die Triebkraft deines Lebens,
der Geist des Lichts, der niedersteigt, mit dir will vorwärtsstreben.
Drum wende stets dich hin zum Licht, lass los der Ängste Qualen,
geh deinen Weg voll Zuversicht – dann fall'n die Schatten
hinter dich,
dein inn'res Licht kann strahlen.

Kapitel I

Am Großen Blauen See

Dort, wo am Großen Blauen See der Goldregenpfeifer den neu anbrechenden Tag ankündigt, lebt Naima mit Ashanta und Aysha, ihren Hunden, und Charis, ihrem Kater. Ihr kleines, auf einem Felsplateau stehendes Häuschen aus Holz mit seinem buttergelbfarbenen Anstrich und den granatapfelroten Fenstern sieht von Weitem aus, als sei es aus einem russischen Märchen geliehen. Die kleine, ebenfalls granatapfelrot leuchtende Veranda schmücken weiße Blumenkästen mit blühenden Geranien. Die Eingangstür ist moosgrün und mit weißen Holzschnitzereien verziert. Dieses kleine, farbenfrohe Haus inmitten der Wildnis am Großen Blauen See zieht unweigerlich die Blicke jener Menschen auf sich, die hierher nach »Avanäs« kommen, denn so heißt der Grund, den Naima ihr Eigen nennen darf.

Schon viele Jahre lebt Naima im hohen Norden inmitten unberührter Natur von wildromantischer Schönheit. Für sie hatte sich mit »Avanäs« ein Lebenstraum erfüllt. Die Sehnsucht nach Stille, Weite und gesunden Landschaften führte sie in die malerische Bergwelt Nordschwedens, hierher an

den Großen Blauen See. Das reine Wasser spiegelt in klaren Formen die Landschaft wider. Blaugrün schimmernde Berge, so stolz und schön, sind die beeindruckende Kulisse am Horizont. Die auch im Sommer schneebedeckten Gipfel sehen aus, als hätten sie sich weiße Sahnehäubchen aufgesetzt. Hohe und schlanke Altaifichten, ehrwürdige Kiefern und Birken umsäumen in wogenden Uferabschnitten den malerischen See mit seinem azurblauen Wasser.
Nur wenige Meter vom Haus entfernt befindet sich das kleine Saunahäuschen, die »Bastü«, wie man sie in Schweden nennt. In einem großen Gehege haben die Hunde ihr Reich. Charis, der Kater, bevorzugt es, im Haus zu wohnen. Doch wenn die Sonne scheint, dann liegt er gern auf der alten Bank im Garten und lässt sich von ihren wärmenden Strahlen verwöhnen. Direkt am Ufer des Sees steht ein kleines Sommerhäuschen, das Naima an Wanderer vermietet. Ein weißes Boot wartet sehnsuchtsvoll darauf, über die Wellen gleiten zu können.

Ihre Tiere liebt Naima über alles. Man sagt ihr nach, sie habe ein Gespür für das Besondere. Auf ihre Tiere mag das wohl zutreffen. Ashanta, die wolfsgraue Alaskan-Malamute-Hündin, hat einen kräftigen Körperbau, der sie zu überdurchschnittlichen Leistungen befähigt. Toleranz, Sanftmut und Zutraulichkeit charakterisieren ihr Wesen. Aufrecht trägt sie ihren Kopf und ihre Bewegungen drücken eine stolze Haltung aus. Die buschige und imposante Rute, die an einen

Fuchsschwanz erinnert, trägt sie voller Eleganz über dem Rücken. Zu gern schaut Naima in Ashantas braune, mandelförmige Augen, die ihr durch ihre Schrägstellung ein wolfsähnliches Aussehen geben. Es heißt, der Alaskan Malamute sei der König der Hunde. Unbestritten machte Ashanta mit ihrer würdevollen Ausstrahlung und ihrer beachtlichen Gelehrigkeit diesem Ruf alle Ehre.

Aysha, die Siberian-Husky-Hündin, hat ein Fell, glänzend schwarz wie Onyx und weiß wie Schnee. Mit ihren saphirblauen, ebenfalls schräg gestellten Augen schaut sie aufmerksam und schelmisch in die Welt hinein. Ihr Erscheinungsbild ist eine Mischung aus Eleganz und Kraft. Selbstbewusst und stolz, mit aufrecht stehenden Ohren, denen kein Laut entgeht, nimmt sie ihre Umwelt wahr. Die Rute, gleich einem Federbusch, trägt sie ebenfalls königlich über dem Rücken. Ayshas Intelligenz und ihr zutrauliches Wesen machen auch sie zu einem Kameraden in Naimas Leben.

Doch auch Charis, der Kater, sei kurz beschrieben. Der rote Stubentiger mit weißem Lätzchen, weißen Pfötchen und bemerkenswerten malachitgrünen Augen, die eine seltene Tiefe erahnen lassen, ist der stille Genießer und Beobachter. Inzwischen in die Jahre gekommen, braucht er nun längere Ruhezeiten. Seine wilde Zeit gehört nun der Vergangenheit an. Das Besondere an Charis ist der Ausdruck seiner Kommunikation. Mit einer Vielzahl stimmlicher Laute kann er seine Bedürfnisse mitteilen. Naima weiß inzwischen jede Tonlage zu deuten und das macht ihr großen Spaß.

Wenn die Kraniche aus dem Süden zurückkehren, kündigen sie mit archaischen Trompetenrufen den Beginn des arktischen Sommers an. Mittsommer, das Fest des Sonnenlichts, wird in Schweden traditionell gefeiert. Zu diesem Fest hatte Naima ihre Freunde eingeladen. Ingalill und Malte wohnen nur wenige Kilometer von Avanäs entfernt am anderen Ufer des Großen Blauen Sees. Rigmor und Ture haben ihr Haus am Kleinen Blauen See.

Mit ihren Freunden teilt sie die Liebe für dieses weite Land mit seinen unendlichen moosgrünen Wäldern, bezaubernden blauen Wasserwelten, anthrazitfarbenen Bergen, Mooren und Sümpfen – dem Alaska Europas. Die Weite und Ursprünglichkeit dieser nordischen Landschaft ließ ihre Seelen frei werden und weckte Gefühle, die längst verloren geglaubt schienen. Das Leben inmitten der unberührten Natur half ihnen, zu sich selbst zu finden und eine neue Lebendigkeit zu erfahren, die sie zu einem ganzheitlichen Verstehen ihres menschlichen Wesens führte.

Das Leben in der Wildnis und in Einsamkeit bedeutet für Naima keineswegs ein Dasein in Askese, Kargheit und ein Verzicht auf die Annehmlichkeiten des zivilisierten Lebens. Seit sie hier im Norden lebt, weiß sie, beides lässt sich durchaus verbinden. Fernab des Trubels entdeckte sie eine neue Sensibilität für den Genuss des Lebens: die Freude an selbst gesammelten Beeren und Früchten, die im Licht der

Mittsommersonne in den Wäldern wachsen, das Tragen von Kleidung, die in Design und Farbe die Schönheit der zauberhaften Landschaft widerspiegelt, und das Hören von Musik, die mit ihren Klängen in Resonanz mit dem Gesang des Windes, dem Rauschen der Wälder und dem Brausen der Flüsse steht. Selbst die notwendigen Verrichtungen des Alltags lernte sie in einer fröhlichen Gelassenheit und Entspanntheit zu verrichten, was im Stress der Zentren der Zivilisation undenkbar wäre. Nicht zuletzt die Freude an schöpferischer Betätigung, die frei von störenden Einflüssen und künstlich geschaffenen Vorschriften und Grenzen, sich in der Natur frei entfalten kann, ist für Naima ein Ausdruck höchster Lebensqualität. Sogar die Freiheit, zu jedem beliebigen Zeitpunkt mit der ganzen Welt in Verbindung zu treten, steht ihr offen, denn modernste Satellitentechnik ermöglicht auch den hier lebenden Menschen den Zugang zum Internet.

Was heißt überhaupt Einsamkeit? Hier, inmitten der im Licht des Nordens wuchernden Natur, erlebt Naima auf eine unbeschreibliche Weise, wie sie mit dem brodelnden Leben der Taiga direkt verbunden ist. Sie nimmt Dinge wahr, die abseits der Stille in den quirligen und lauten Zentren der Zivilisation scheinbar verloren gegangen sind. Es sind nicht nur die sich ständig verändernden Farben, Düfte und Klänge, die sie zunehmend zu unterscheiden und zu deuten vermag, sondern auch diese ganz individuellen, wunderbaren Erleb-

nisse, Erfahrungen, Einsichten und Begegnungen mit der lebendigen Schöpfung, die sich ihr offenbaren, wenn sie sich aus tiefster Seele dem pulsierenden Lebensfluss hingibt.
Nein, in dieser Einsamkeit ist Naima nicht allein. Nur hier empfindet sie diese tiefe Harmonie und Geborgenheit, dieses Heimatgefühl, nach dem sie sich früher immer so gesehnt hat.
Zu Mittsommer wollte Naima ihre Gäste mit Lasagne und einem Salat überraschen. Süßes gehört natürlich auch zu einem Fest und so dachte sie, ein Rhabarberkuchen mit Schlagsahne sei genau das Richtige.

Im Erdgeschoss ihres Hauses gibt es einen großen Raum, den sie als Wohnküche eingerichtet hat. Naima liebt den Landhausstil, nicht zu traditionell, aber auch nicht zu modern. Für sie ist es wichtig, dass Möbel, Farben und dekorative Elemente eine stilvolle ländliche Gemütlichkeit vermitteln. Die Wände in einem cremeweißen Ton bieten zu den dunklen Möbeln einen wohltuenden Kontrast. Ein altehrwürdiger Kamin, Naimas Lieblingsplatz, lenkt sofort den Blick auf sich. Ein Schaukelstuhl, bedeckt mit einer in samischer Handarbeit gefertigten Decke, lädt am offenen prasselnden Birkenholzfeuer zu besinnlichen Stunden ein. Ein schlichter Weidenkranz schmückt die Wand neben dem Kamin. Zwei Fenster mit weißen Gardinen und roten Bändern geben den Blick frei auf die weiten Wälder der Taiga. Davor steht eine

Holzbank, dekoriert mit Kissen aus braunem und rotem Vichykarostoff, auf dem rote Elchsilhouetten auf weißem Grund und dunkelbraune Rentiere auf hellbraunem Grund appliziert sind. Ein Tisch und vier Stühle stehen in der Mitte des Raumes. Eine karierte Decke schmückt den Tisch und insgesamt schaffen die roten Akzente eine wärmende Behaglichkeit. Ein Bauernschrank und eine bemalte Truhe aus Dalarna geben dem Raum ein nordisches Flair. Die Küchenzeile ist klein und praktisch. Für Naima ist es vielmehr wichtig, genug Platz für sich und ihre Tiere zum Kuscheln und gemeinsamen Spielen zu haben. Zwei Türen auf der linken Seite der Küche führen in das Bad und in ein kleines Wohnzimmer. Creme- und Brauntöne schaffen in dem kleinen Bad eine beruhigende Atmosphäre. Honiggelbe Kerzen, so magisch und schön, lassen mit ihrem Licht den kleinen Raum mit seinen erdigen Farben stimmungsvoll erstrahlen. Der schokobraune Läufer vor der schlichten Wanne lenkt den Blick auf sich. Drei auf die hellen Holzdielen gestellte orientalische Laternen mit buntem Glas lassen die Lichtspiele erahnen, wenn die Kerzen in ihrem Inneren entzündet werden. Was gibt es denn Schöneres, als den Tag in einem Wannenbad mit zarten Düften und stimmungsvollem Licht ausklingen zu lassen.

Das kleine Wohnzimmer ist Naimas persönlicher Rückzugsort. Terrakottafarbene Wände geben diesem Raum viel Wärme. Zwei Vitrinenschränke umrahmen einen in der Mitte platzierten Spiegel mit einem antiken Rahmen. Geschickt lenkt der Spiegel das einfallende Licht auf den unter dem Fenster stehenden Schreibtisch. Ein Gummibaum ziert Naimas Arbeitsplatz, von dem sie eine wunderschöne Aussicht auf den blauen See und die Berge hat. Ein bequemes Sofa, mit Kissen geschmückt, auf denen sich in allen Farben filigrane Blumenranken winden, lädt zum Verweilen ein. Ein Sessel, ebenfalls in einem Blumendesign, ist neben einem Tisch platziert, den Kerzenleuchter aus verspiegeltem Glas mit silbrigem Effekt und handgeschliffene Gläser in einem Rosendekor dekorieren. Ein flauschiger, cremefarbener Teppich auf kirschbaumfarbenen Dielen verleiht dem Raum einen Hauch von Eleganz. Zwei karneolrote Deckelvasen auf einem Konsoltisch passen harmonisch zu den Salzkristalllampen, die in den Abendstunden das kleine Wohnzimmer in ein bezauberndes mystisches Licht hüllen.

Im Obergeschoss befinden sich Naimas Schlafzimmer, ein Gästezimmer und ein WC. Das Schlafzimmer besticht durch eine Wand in einem dunklen Beerenblau. Davor steht ein weißes Bett, das mit blau-weiß karierter Bettwäsche zu nordischen Träumen einlädt. Ein über das Bett gelegter Quilt ist der Farbmittelpunkt des Raumes. Bordeauxrote Quadrate mit weißen Wollgrasmotiven sowie Streifen- und Karoquadrate mit Schneehühnern, appliziert auf ebenfalls bordeauxrotem Untergrund, bilden ein nordisches Patchwork. Neben dem Bett steht ein weißes Sideboard. Zwei Engel aus Stein, zwischen Töpfen mit Efeu sitzend, und gelbe Kerzen in großen, mit weißem Dekorsand gefüllten Gläsern geben dem Raum einen romantischen Zauber. Seidengardinen, mit dunkelblauen zarten Bändern gerafft, schmücken nicht nur das Fenster, sondern auch die dort platzierte Truhe, in deren Mitte eine kleine Lampe aus Amethyststein magisches blauviolettes Licht ausstrahlt.

Im Ofen garte die Lasagne und verströmte einen würzigen Duft. Naima kocht gern und sie denkt, dass sie nicht die schlechteste Köchin ist. Auch Ashanta und Aysha profitieren von ihrer Liebe für das Kochen und Backen. Selbst gebackene Vollkornplätzchen mit Bananen, Datteln, Feigen, Backpflaumen und Aprikosen, leicht gesüßt mit Honig, sind der absolute Favorit ihrer Lieblinge.

Im Wiesengrund hatte Naima Wildkräuter gesammelt und mit diesen den Salat geschmacklich verfeinert, aber auch Kränze für eine sommerliche Tischdekoration gebunden.

Dann kamen sie: Ingalill, Malte, Rigmor und Ture. Sie begrüßten sich herzlich und freuten sich sichtlich auf die gemeinsamen Stunden zu Mittsommer. Doch sie kamen nicht allein.

»Ich heiße Hanna.« »Ich freue mich, dass du mit uns das Mittsommerfest feiern willst, du bist mir herzlich willkommen«, begrüßte sie Naima.

Bei fröhlicher Stimmung vergingen die Stunden viel zu schnell. Es wurde viel gelacht und geplaudert. Auch das Essen schmeckte allen. Die Augen von Hanna drückten

jedoch große Traurigkeit aus. Rigmor sprach zu Naima: »Hanna braucht deine Hilfe. Du hast das Gespür für das Verborgene. Sie möchte ein paar Tage bei dir bleiben. Hast du Zeit für sie?«
Naima antwortete: »Die Zeit nehme ich mir selbstverständlich.«

Nach dem Aufbruch ihrer Freunde ging Naima mit Hanna zur kleinen Stuga, dem Sommerhäuschen am See. Hier konnte Hanna in den nächsten Tagen wohnen. Ein kleiner Pfad, von beiden Seiten umsäumt von unzähligen gelb leuchtenden Schlüsselblumen, deren filigrane Köpfchen der Abendwind leicht wiegte, führt leicht bergab hinunter an den Großen Blauen See. Die kleine Stuga in falunroter Farbe mit weißen Fenstern und einer kleinen überdachten Terrasse steht auf einer Lichtung, nur wenige Meter vom Ufer entfernt. Neben der kleinen Treppe, die auf die Terrasse führt, stehen zwei Schalen mit Ranunkeln, blauen Veilchen und gelben Primeln bepflanzt. In der Stuga gibt es einen Waschraum, eine Kochecke und einen Wohnraum, der zugleich eine Schlafgelegenheit bietet. Die mit derbem Leinenstoff bezogene Liege wirkt durch große Kissen aus buntem Baumwollstoff besonders behaglich. Eine kleine Kommode mit weißen, dekorativen Accessoires schmückt ebenso den Raum. Narzissen mit winterlichen, zapfenbehängten Zweigen der Lärche schmücken in einem irdenen Topf einen Tisch.
Hanna strahlte und sagte: »Hier werde ich mich wohlfühlen.«

»Wenn du magst, kannst du mit mir und den Hunden morgen um sechs Uhr einen langen Spaziergang unternehmen. Du kannst aber auch gern ausschlafen. Wir frühstücken um acht Uhr und können dann alles besprechen. Ich wünsche dir eine gute Nacht, Hanna.« Mit diesen Worten verabschiedete sich Naima.

Kapitel 2

Hanna und ihre Suche nach Halt

»Was hat dich zu mir geführt?«, fragte Naima.

»Mein Mann und ich leben in Trennung. Es ist, als hätte ich meinen Halt verloren. Ich fühle mich schwach und hilflos und habe Angst, mein Leben nicht allein bewältigen zu können. Dieser Zustand belastet mich sehr. Kannst du mir helfen, Naima?«

»Ich kann dir helfen zu erkennen, warum du glaubst, in dieser schwachen Position zu sein. Dass du dich so schwach und hilflos fühlst, hat eine Ursache. Lebenserfahrungen prägen uns. Erlebnisse, die wir als schmerzvoll erfahren und unser Selbstwertgefühl bedroht haben, verbannen wir sehr schnell aus unserem Bewusstsein. Wir möchten nicht mehr daran erinnert werden, so schützen wir uns selbst. Das ist verständlich, denn seelische Wunden sind sehr schmerzhaft. Wenn du wirklich meine Hilfe in Anspruch nehmen willst, dann solltest du bereit sein, deine seelischen Wunden anzuschauen, und ihnen die Chance geben, endlich zu heilen. Mit dem alten, längst vergessen geglaubten Schmerz wieder in

Berührung zu kommen ist nicht leicht. Doch wenn du bereit bist, die dunklen Gemächer deiner Seele zu betreten und das Verborgene anzuschauen, wirst du mit einem tieferen Verständnis deiner jetzigen emotional erlebten Lebenssituation belohnt, du wirst frei werden von seelischem Schmerz und einengenden Glaubenssätzen und mit neuer seelischer Kraft wirst du dein Leben neu gestalten und führen können.
Die Seele ist unser denkendes und empfindendes Bewusstsein, mit dem wir auf die Umwelt reagieren, in der wir leben. Auf jede Erfahrung reagieren wir zunächst emotional und spüren dies auch körperlich. Lebensfreude steigert unsere Vitalität, Trauer schwächt uns körperlich.
Positive Gefühle lassen wir wie selbstverständlich zu, der Umgang mit negativen Gefühlen fällt uns oft schwer. In einer polaren Erfahrungswelt gehören auch sie zu unserem Erleben und wir müssen lernen, mit ihnen umzugehen.
In deinem jetzigen Lebensabschnitt kann ich dir eine Begleiterin sein, die dir helfen kann, die tieferen seelischen Ursachen deiner Probleme in das Licht des Bewusstseins zu heben, und dich befähigen, den Weg in die Zukunft aus dir selbst heraus zu erkennen. Nicht mehr und nicht weniger«, antwortete Naima.

Hanna verstand sehr wohl, was Naima zum Ausdruck bringen wollte, und sie fühlte, dass sie hier richtig war. Sie war bereit, sich auf das Verborgene einzulassen, denn sie wollte zu Selbstbewusstsein und Selbstvertrauen zurückfinden.

Naima führte sie in das Gästezimmer ihres Hauses. Ein helles, erfrischendes Grün war die bestimmende Farbe und Möbel aus Birkenholz fügten sich fantastisch ein. Die Wände schmückten Blumenbilder, die dem Raum eine heitere und beschwingte Atmosphäre gaben. Eine Liege, bedeckt mit safranfarbenen Decken, war der farbliche Mittelpunkt.

»Lege dich auf die Liege, mache es dir bequem«, sagte Naima. »Und nun schließe deine Augen.«

Naima sprach mit ihrer ruhigen und leisen Stimme eine geführte Meditation und so gelang es Hanna leicht, tiefe Entspannung zu erfahren. Sie folgte voller Vertrauen den Anweisungen Naimas und schon nach wenigen Augenblicken spürte sie körperliche Reaktionen.

»Ich spüre einen Druck in meinem Kopf und einen Schmerz in meinem Hals, der bis in das Herz ausstrahlt.«
»Konzentriere dich auf den Schmerz in deinem Hals, was drückt er aus?«
»Ich möchte schreien, kann es aber nicht.«
»Warum möchtest du schreien?«
»Ich weiß es nicht, ich bin zu schwach.«
»Bitte nun um innere Bilder, die dir helfen, diesen Schmerz in deinem Hals besser zu verstehen.«

Hanna folgte den Worten Naimas und plötzlich waren sie da: diese Bilder, klar und deutlich und auf eine unbeschreibliche Art auch faszinierend.

»Ich sehe einen altmodisch gekleideten Lehrer und meinen Mann. Beide reden mit erhobenen Händen auf mich ein.«
»Spüre einmal in dieses Bild hinein! Was löst es in dir aus?«
»Ich fühle eine starke Ohnmacht und Entsetzen. Eine Mauer baut sich auf.«
»Wovon trennt dich die Mauer?«
»Von Verständnis und Liebe.«
»Bitte um weitere Bilder.«
»Ich sehe meinen Vater.«
»Was spürst du, wenn du deinen Vater anschaust?«
»Ich habe Sehnsucht nach seiner Güte, aber auch Angst. Meine Augen tun mir weh.«

»Schau dir an, was deine Augen nicht sehen wollen!«
»Da ist ein kleines Kind, es ist allein in der Wohnung. Das Kind bin ich. Ich suche den Vater.« »Findest du ihn?«
»Ich höre Geräusche, öffne die Balkontür und steige auf die Brüstung. Die Mutter steht hinter mir.«
»Bist du froh, dass deine Mutter da ist?«
»Nicht wirklich.«
»Warum bist du nicht froh?«
»Die Mutter straft mich.«

»Spüre einmal in das Kind hinein! Was fühlt das Kind?«
»Es will der Strafe der Mutter entgehen, aber dafür muss es springen.«
»Welche Strafe erwartet das Kind?«
»Wenn ich nicht gehorche, hat mich die Mutter nicht mehr lieb.«
»Wozu entschließt sich das Kind?«
»Es hat beschlossen, zu gehorchen.«

»Lass dir weitere Bilder zeigen!«
»Ja, ich sehe die toten Kaninchen. Sie werden geschlachtet und ich muss das Blut wegschaffen.
Es ist furchtbar für mich. Aber ich muss es tun, kann mich nicht wehren. Jetzt zeigt sich das rote Kleid, das ich nicht anziehen will. Die Mutter hat es für mich genäht. Es gefällt mir nicht, ich kann es ihr aber nicht sagen.«

»Konzentriere dich einmal auf das innere Bild deiner Mutter und schaue ihr in die Augen!«
»Es fällte mir schwer, ihr in die Augen zu schauen.«
»Dann spüre einmal, was du von deiner Mutter empfängst, was strahlt sie aus?«
»Macht.«
»Wo spürst du die Macht deiner Mutter?«
»Im Magen.«
»Wie drückt deine Mutter ihre Macht aus? Lass es dir zeigen!«

»Meine Augen schmerzen wieder.«
»Was willst du nicht sehen?«
»Sie ist krank, sie will, dass ich immer bei ihr bleibe. Sie will mich vereinnahmen und erzwingt es durch ihre Krankheit.«
»Gelingt es deiner Mutter, dich zu vereinnahmen?«
»Ja, ich besuche sie jeden Tag.«
»Ist das in Ordnung für dich?«
»Nein. Aber ich fühle mich schlecht, wenn ich es einmal nicht schaffe, bei ihr zu sein.«
»Wie fühlst du dich genau?«
»Ich fühle mich schuldig.«

»Kehre noch einmal zu dem inneren Bild deiner Mutter zurück und stelle dich selbst mit hinein. Nun schaust du auf dich selbst und deine Mutter und bittest um ein weiteres Bild, das dir deine Situation zeigt.«
»Ich knie vor der Mutter, sie ist stark und ich bin schwach und von ihr abhängig.«
»Warum bist du abhängig?«
»Ich brauche ihre Liebe. Ich will, dass es ihr gut geht.«
»Wie fühlst du dich, wenn es ihr nicht gut geht?«
»Dann fühle ich mich schuldig.«
»Glaubst du, deine Mutter spürt, dass du dich schuldig fühlst?«
»Ja, sie nutzt meine Schuldgefühle aus.«
»Warum lässt du das zu?«

»Ich kann mich nicht wehren, nehme mich stets zurück, will es immer den anderen recht machen.«

»Frage, ob es noch weitere Bilder gibt, und bitte, dass sie sich zeigen.«
»Ich geh über einen Friedhof.«
»Warum bist du dort?«
»Ich bin schwanger, viel zu jung, gerade mal vierzehn, und die Leute reden über mich. Damit können meine Eltern nicht umgehen. Sie sind abhängig von den Meinungen der anderen. Ich stelle mir vor, wie es ist, hier in einem Grab zu liegen.«

»Was spürst du bei dieser Vorstellung?«
»Befreiung.«
»Ist das die Lösung für dich?«
»Nein. Ich würde auch das Leben meines Kindes zerstören. Das will ich nicht.«
»Was beschließt du nun?«
»Ich bekomme das Kind.«
»Nun erspüre einmal diese Worte: Ich bekomme das Kind!«
»Die Worte geben mir Kraft.«

Naima sprach: »Du hast eine Entscheidung getroffen, allen Widerständen zum Trotz. Du hast eine Entscheidung für das Leben getroffen, für dein eigenes und das deines Kindes. Das ist großartig, Hanna! Spüre, wie kraftvoll du bist. Du bist stark. Lass dich von dieser Kraft durch dein Leben führen. Vertraue dieser Kraft, die nach lebendigem Ausdruck verlangt.«

Das Elternhaus bot offensichtlich keinen Freiraum für die Entwicklung eines gesunden kindlichen Selbstwertes. Die Mutter reagierte mit Liebesentzug auf natürliches Fehlverhalten des Kindes, später sogar mit emotionaler Erpressung. Hanna, die wie jedes Kind sich nach zärtlicher und beschützender Mutterliebe gesehnt hatte, verzichtete auf die Durchsetzung ihres sich nach Freiraum sehnenden kindlichen Willens, da der Liebesentzug für sie eine Strafe und nicht zu ertragen war. Schon als kleines Mädchen gab sie sozusagen ihren Willen auf, wie sie es selbst formulierte. Die Vorgaben, Erwartungen und Wünsche der Eltern zu erfüllen, sicherten ihr emotionale Zuwendung. Erstmals stellte sie sich gegen den Erwartungsdruck der Eltern und den Druck der öffentlichen Meinung, als sie schwanger wurde. Das Kind, das sie gebären wollte, gab ihr die Kraft, erstmals wirklich ihren Willen, allen Widerständen zum Trotz, durchzusetzen. Doch das Kindheitsmuster war stark und begleitete sie noch viele Jahre ihres Lebens.
Die Trennung von ihrem Mann und die damit verbundene Angst, allein die Anforderungen des Lebens nicht erfüllen zu können, spiegelte ihr im Außen die Notwendigkeit, sich von ihrem emotionalen und mentalen Verhaltensmuster zu lösen, das sie in eine Position der Schwäche gebracht hatte.

Die Seelenbilder halfen ihr die Ursache ihres mangelnden Selbstbewusstseins zu erkennen und zeigten den Weg, über aktives Handeln die Willenskraft zu stärken.
Hanna erkannte, dass die neue Lebensphase viele Chancen bereithielt, nämlich mit der Überwindung von Hindernissen und Widerständen die eigene Kraft der Durchsetzung zu entwickeln und zu stärken und so zu einem erfüllten und selbstbestimmten Leben zu finden.

Aus dem Druck der Erwartungshaltung auszubrechen ist Heilung.
Das Leben zu wagen und den eigenen Platz und die eigene Bestimmung zu finden ist Heilung.
Selbstachtung ist Heilung. Sich selbst zu lieben ist Heilung.

Nur wenn wir mutig und offensiv die Aufgaben in unserem Leben bewältigen, können Willensstärke und Selbstvertrauen wachsen. Die Kraft, unser Leben zu führen, ist uns gegeben. Manchmal verlieren wir jedoch das Vertrauen in die eigene Kraft. Wir müssen zu ihr zurückfinden, das sind wir uns selbst schuldig, wenn wir nicht ein Leben führen wollen, das von Fremdbestimmung geleitet wird.

Hanna hatte die sie begrenzenden Glaubenssätze losgelassen und war bereit für ihren neuen Lebensabschnitt, den sie nun mit Offenheit und einem freudigen Herzen begrüßte.

Kapitel 3

Blütenmeer im nordischen Licht

Anfang August steht die Natur, für alle Augen sichtbar, in prachtvoller Entfaltung.
Auch Naimas kleiner Garten ist zu dieser Sommerzeit ein Meer von farbigen Blüten und aromatischen Düften.
Nur wenige Meter von der »Bastü« entfernt stehen die kleine Holzbank und ein Tisch mit Stühlen.
Hinter der Bank hatte Naima vor ein paar Jahren in einem Halbbogen Aroniasträucher gepflanzt, die, inzwischen von kräftiger Struktur, einen umfriedeten Raum bieten, der bei aller Freude für Weite und Offenheit diesem beschaulichen Platz Geborgenheit und Schutz gibt.
Zu beiden Seiten der Aroniasträucher, deren weiße Blütenstände im Frühsommer wie zarte Federwolken aussehen, wachsen in großen Horsten Indianernesseln. Ihre großen roten Blüten schmecken zuckersüß.
Den Eingangsbereich zum sommerlichen Sitzareal schmücken zwei leicht schräg gestellte, ausgehöhlte Kiefernstämme, die nun mit Erde gefüllt und mit verschiedenen Blumen bepflanzt sind. Anmutig blühende blaue, violette und gelbe Stiefmütterchen, pinkfarbene Zwergiris, himmelblaues Ver-

gissmeinnicht, purpurrote Primeln, lavendelfarbene Glockenblumen und Margeriten, so weiß wie Schnee, schmücken in einem Meer der Farben das alte Holz.
Je an einem Ende der Baumstämme steht ein großer Kübel mit üppig blühenden orangefarbenen Taglilien, die mit ihren riemenförmigen Blättern und einer mehrwöchigen Blütezeit das kleine Gärtchen wunderbar bereichern. Auf dem Gartentisch steht eine Schale mit Duftpelargonien, deren Geruch der Blätter Naima so liebt.
An der Südseite des Hauses stehen prachtvoll und schön ihre Kräuterschätze. In großen Pflanztöpfen gedeihen Pfefferminze, Apfelminze mit grün und cremefarben gefleckten Blättern und aromatisch duftende Zitronenmelisse. Orangefarbene Ringelblumen, zusammen mit krauser Petersilie gepflanzt, sind eine farbliche Augenweide. Auch das goldgelbe Laub des Oregano und der nach Zitrone duftende Thymian kommen in Naimas Reich der Kräuter schön zur Geltung.
Ein sommerlicher Hängekorb mit Gebirgsnelken in unterschiedlichen Violetttönen schmücken den Eingangsbereich. Naima liebt ihren, den an Gewürznelken erinnernden Geruch.

Auf der kleinen Lichtung unten am Ufer des Sees steht ein altes Fischerboot. Dieses hat Naima mit Kapuzinerkresse bepflanzt. Sie hat sich für eine buschig wachsende Zwergform entschieden. Die unzähligen feuerroten Blüten leuch-

ten im nordischen Licht unglaublich intensiv und bilden einen traumhaften Kontrast zum Wiesengrün. Direkt am Ufer wachsen und blühen nordische Weideröschen.
An diesem sommerlichen Tag erwartete Naima Marta.

Kapitel 4

Marta und die fehlende Grenzsetzung

Die Frage an Marta zu stellen, was sie hierher nach Avanäs geführt hatte, war überflüssig. Ein ausgeprägtes Hautekzem an Armen und Beinen war nicht zu übersehen.
»Ja«, sagte Marta, »deshalb bin ich hier. Der Juckreiz ist unerträglich und das Ekzem belastet mich wirklich sehr. Kannst du mir helfen, Naima?«

»Ich kann dir Hilfe zur Selbsthilfe geben. Nicht mehr und nicht weniger. Deine Haut hat dir etwas mitzuteilen. Die Botschaft zu erkennen und zu verstehen, darin kann ich dir helfen. Die Erkenntnis in deinem Leben umzusetzen, liegt allein in deiner Verantwortung. Viele Menschen haben Angst vor Erkenntnis und den damit zwingenden Veränderungen in ihrem Leben.
Die Rückkehr zur Gesundheit erfordert aber genau diesen Schritt: bereit zu sein für persönliche Veränderung und damit einhergehendem geistig-seelischem Wachstum. Ohne Veränderung schaffen wir nur neue Probleme.

Die Seele verschafft sich Ausdruck über die Manifestation von Symptomen auf der körperlichen Ebene. Wenn wir uns Menschen als eine Einheit von Geist, Seele und Körper begreifen, dann nähern wir uns einem tieferen, holistischen Verständnis unseres Krankseins.
Unser Geist, der göttliche Funke, kann nicht krank sein, denn er ist vollkommen. Bleiben also Seele und Körper, die krank sein können. Der göttliche Geist des Menschen manifestiert sich über die Seele und den Körper und will sich in der polaren materiellen Welt verwirklichen. Harmonie und Disharmonie, Freude und Leid sind letztlich die Pole, zwischen denen das manifestierte Leben schwingt. Sie sind die Wegweiser auf unserem Lebensweg, die uns zeigen, wo Veränderung notwendig ist, denn das, was wir Gesundheit und Krankheit nennen, hat in erster Linie stets etwas mit uns selbst zu tun.«

Marta lauschte der leisen Stimme Naimas und folgte ihren Worten. Schnell kam sie in einen entspannten Zustand hinein, konnte den Alltag vollkommen abgeben und war jetzt ganz bei sich selbst. In dieser Stunde war sie die wichtigste Person. Sie hatte sich auf den Weg gemacht, Heilung zu suchen. Nun war sie hier, an diesem Ort, inmitten der nordischen Wildnis, und sie hatte das Gefühl, ihrer Heilung näher zu kommen. Voller Vertrauen nahm sie die inneren Bilder an, die nun langsam Form und Gestalt annahmen.

»Hast du eine innere Wahrnehmung oder ein Gefühl?«, fragte sie Naima.
»Ich habe ein Gefühl der Enge und der Beklemmung in meinem Hals«, antwortete Marta. »Konzentriere dich auf dieses Gefühl und bitte um die Bilder, die dir deine Erfahrungen zeigen, die Ursache gesetzt haben für diese Enge, diese Beklemmung.«

»Ich sehe mich in meiner Klasse stehen.«
»Was löst dieses Bild in dir aus?«
»Mein Herz schlägt schneller und ich spüre einen Druck in meinem Magen.«
»Lass dir zeigen, wer oder was auf dich Druck ausübt.«
»Ich sehe zwei Schüler, sie stören meinen Unterricht.«
»Wie reagiert dein Herz auf dieses innere Bild?«
»Mein Herz lehnt sie ab, aber ich bleibe freundlich.«
»Sie stören deinen Unterricht?«
»Ja, ich kann machen, was ich will, sie hören nicht auf mich.«
»Mit welchen Gefühlen begegnest du der Situation?«
»Ich fühle mich hilflos, sie haben keinen Respekt.«
»Welches konkrete Verhalten der Schüler macht dich hilflos?«
»Ihr aggressives Verhalten.«
»Wie gehst du mit dieser Aggression um?«
»Ich kann für die Aggression der Schüler kein Verständnis aufbringen. Sie stören meinen Unterricht, den ich sorgfältig vorbereitet habe.«

»Lass dir eine konkrete Situation zeigen!«
»Was spürst du nun?«
»Ich spüre mein Herz schneller schlagen, höre mein Blut rauschen. Ich habe Wut im Bauch.«
»Was möchtest du am liebsten tun?«
»Ich möchte zeigen, dass ich mit der Situation nicht einverstanden bin. Es gelingt mir aber nicht.« »Du kannst dich nicht wehren?«
»Nein.«
»Du kannst die Situation nicht ändern?«
»Nein.«
»Wie fühlst du dich?«
»Ich fühle mich angespannt.«
»Wo fühlst du die Spannung im Körper?«
»Unter der Haut.«
»Die Spannung spürst du unter der Haut. Was will dir deine Haut sagen?«

»Ich bin wütend auf die aggressiven Schüler, meine Aggression verdränge ich aber. Ich stehe unter Spannung. Die Spannung begleitet meinen Alltag. Ja, die ständige Spannung ist mein Problem.«

»Was solltest du tun? Lass dir weitere Bilder zeigen!«

»Der Umgang mit den Schülern ist gestört. Ich muss einen Weg finden sie zu erreichen. Vielleicht wollen sie nur ernst genommen werden? Vielleicht brauchen sie mehr Aufmerksamkeit? Ich muss das Gespräch suchen.«

»Vielleicht gibt es noch eine weitere Aufgabe für dich?«
»Ja, mir ist klar, dass ich lernen muss, mich zu wehren. Ich muss lernen Grenzen zu setzen und mich konsequent durchzusetzen. Ja, ich bin keine Autorität. Das muss ich ändern.«

Nach ganzheitlichem Verständnis geraten wir nicht zufällig in bestimmte Lebenssituationen hinein, geraten nicht zufällig in einen Konflikt mit anderen Menschen, denn das, was im Außen geschieht, hat eine Entsprechung zu uns selbst. Nur jene Bereiche der Wirklichkeit nehmen wir wahr, für die wir eine Affinität haben, oder anders ausgedrückt, mit denen wir in Resonanz kommen. Das, was uns im Außen begegnet, hilft uns das Verborgene, unseren Schatten, zu berühren.
Die ehrliche Analyse einer konflikthaften Lebenssituation hilft uns zu erkennen, womit wir nicht in Harmonie sind. In Harmonie sein bedeutet, im Gleichgewicht zu sein. Letztlich meint Harmonie den Zustand eines inneren Friedens mit uns selbst und dem schwingenden, sich stets verändernden Leben. Fehlt uns Harmonie, dann fehlt uns etwas zum Gleichgewicht. Das Fehlende sollten wir finden.
Im Allgemeinen haben wir es jedoch sehr schwer zu erkennen, was uns fehlt und wo wir Widerstand leisten. Oftmals ist uns unser Widerstand nicht bewusst. Ebenso schwer ist es, den Widerstand gegen das Leben aufzugeben.

Doch es lohnt sich, zu fragen, in welchen Bereichen des Lebens wir glauben immer noch kämpfen, eben Widerstand leisten zu müssen.
Das äußere konflikthafte Leben hilft, das innere konflikthafte Leben zu erkennen.
Das Verborgene, das wir nicht wahrhaben wollen, wird uns über das im Außen sichtbare Geschehen gespiegelt.
Wenn man diese Entsprechung: wie innen so außen, wie außen so innen, versteht, hat man einen wunderbaren Schlüssel zur Selbsterkenntnis in der Hand.

Marta kam in ihrem beruflichen Umfeld in Resonanz mit dem aggressiven Verhalten zweier Schüler. Die Schüler störten ihren Unterricht, sie konnte sich aber nicht wehren, blieb weiterhin nett, doch gleichsam machte sie ihre eigene Unfähigkeit, den Schülern Grenzen zu setzen, wütend.
Infolgedessen war ihr Alltag von großer Spannung begleitet.
Diese Spannung ging ihr unter die Haut.

Die Haut reflektiert sowohl den körperlichen als auch den seelischen Zustand des Menschen.
Sie bildet eine Grenze von außen nach innen, aber auch eine Grenze von innen nach außen.
Das bedeutet: Das auf der seelischen Ebene Fühlbare, aber nicht Sichtbare drückt sich, wenn die Grenze durchbrochen wird, nun auf der körperlichen, sichtbaren Ebene aus. Der seelische Konflikt ist sozusagen der Inhalt, der sich der

Projektionsfläche des Körpers bedient und nun zur sichtbaren Form wird.

Martas Konflikt wurde über das Hautekzem sichtbar. Das Hinterfragen der Seelenbilder ließ sie die Schwierigkeit im Umgang mit der eigenen Aggression, aber auch die gestörte Kontaktebene zu den Schülern erkennen. Der bis dahin unbewusste Konflikt bekam ein konkretes Gesicht.
Sie erkannte die Notwendigkeit persönlicher Veränderungen. Durchsetzungskraft, ein starker Wille – der Impuls für das Handeln, anderen Grenzen setzen, bedürfen eines gesunden aggressiven Ausdrucks. Ihre Durchsetzungskraft zu entwickeln, erkannte sie als ihre vordergründige Lernaufgabe, denn nur eine starke Willenskraft ist die Basis für eine natürliche Autorität.

Kapitel 5

Die Leuchtkraft des Birgittasommers

Wenn sich der arktische Sommer verabschiedet, dann beginnt im hohen Norden ein Farbenschauspiel, das seinesgleichen sucht.
Der Birgittasommer, so wird der Altweibersommer in Schweden genannt, wartet mit zitronengelben Birken, scharlachroten Ebereschen und Sträuchern mit purpurrotem Blattwerk auf. Rot, Orange und Gelb geben den Ton an und fangen die Farben des Herbstes wie in einem Potpourri ein. Die Hochebenen der Bergwelt glühen im warmen goldenen Licht der herbstlichen Sonne. Schon von Weitem leuchten die orangefarbenen Früchte der Vogelbeerbäume und verwandeln die feuerrot strahlenden Bäume in farbenprächtige Augenweiden. Bunt gefärbte Blätter schmücken bereits die Wanderpfade. Ja, der nordische Herbst leuchtet in allen Farben und bietet mit mächtigen Bergkulissen, den weiten Hochmooren, deren Gräser sich pinkrosa verfärbt haben und dem tiefen Blau der zahlreichen Gewässer ein faszinierendes Schauspiel. Wie verzaubert wirkt die Landschaft und in zarten Wogen tanzen letzte Blüten, Rispen und Gräser den letzten Akt des sommerlichen Reigens.

Nach bereits kühlen Herbstnächten durchbricht die Sonne am frühen Morgen den vom silbernen Mond der Nacht gewebten aufsteigenden Nebel und lässt die Tautropfen an den Gräsern glitzern. Die Natur bietet auch in dieser Jahreszeit reichlich Material für das Binden von Kränzen und Vasenschmuck.
Jedes Jahr sammelt Naima getrocknete Zweige, Gräser und schöne Blätter. Aus wildem nordischem Hopfen und orangefarbenen Beerenbüscheln der Eberesche hat sie einen wunderschönen Kranz gebunden, der mit seinen Farben malerisch die moosgrüne Eingangstür schmückt.
Naima liebt jede Jahreszeit, die Natur ist immer schön, sie wechselt lediglich ihr Kleid.
Harmonisch fließen die Farbschattierungen im Herbst ineinander und man ist beim Betrachten der nun bunten Taiga und rot glühenden Tundra zutiefst fasziniert.
Die Wälder beschenken nun Mensch und Tier mit ihren Gaben: Reichlich wachsen Preiselbeeren, Moosbeeren und Krähenbeeren.
Naima liebt es, am frühen Morgen mit Ashanta und Aysha die Wälder zu durchstreifen und Pilze zu sammeln. Der Duft des Waldes und das Glücksgefühl, wenn sich ihr Korb mit Steinpilzen, Rotkappen, Birken- und Butterpilzen füllt, bereitet ihr große Freude. Pilze duften so herrlich nach erdigem Waldboden und schmecken köstlich in Butter gebraten zu frischem Brot.

Eines Tages, als sie mit ihren Hunden aus dem Wald zurückkehrte, saß eine junge Frau auf ihrer Gartenbank.

Kapitel 6

Marit und die Macht der Mutter

»Warum bist du gekommen, Marit?«

»Ich bin an Asthma bronchiale erkrankt. Medizinisch fühle ich mich gut versorgt, dennoch suche ich nach weiteren Wegen für meine Heilung. Gemeinsam mit einer Freundin besuchte ich im letzten Sommer ein Seminar, das mir verstehen half, dass meine Erkrankung in Verbindung mit meinem Leben stehen muss. Nun bin ich hier bei dir, weil ich hoffe, mit deiner Hilfe verstehen zu können, warum ich an dieser Krankheit leide.
Ich weiß, die medizinische Behandlung ist notwendig für mich und deine Hilfe kann diese nicht ersetzen. Nun, ich sage es ganz offen, ich habe nichts zu verlieren, aber vielleicht gewinne ich Erkenntnis. Darum habe ich mich zu dir auf den Weg gemacht.«

Naima antwortete: »Du hast etwas sehr Wichtiges angesprochen. Wenn sich die Krankheit körperlich manifestiert hat, ist medizinische Hilfe in den meisten Fällen unerlässlich. Nur hoch qualifizierte Ärzte können mit ihrem Wissen und

den hervorragenden diagnostischen Möglichkeiten den Zustand des Körpers beurteilen. Kein noch so guter alternativer Heiler kann hier an die Stelle des Arztes treten. In dieser Frage positioniere ich mich ganz klar.
Mein Lebensweg hat mich allerdings zu der Erkenntnis geführt, dass neben einer ärztlichen Behandlung des Körpers es ebenso wichtig ist, der menschlichen Seele Aufmerksamkeit zu widmen.
Ja, es ist richtig, die Seele bedient sich einer Sprache, sie spricht über Krankheitssymptome zu uns und verschlüsselt in ihnen ihre Botschaft.
Körper und Seele bilden eine Einheit. Es gilt: sowohl als auch.
Nach meinem Verständnis ist es nur folgerichtig, sich auch der seelischen Ebene zuzuwenden.
Ich baue für die Menschen die Brücke zu ihrer Seele und helfe ihnen dieses ›Warum bin ich krank‹ zu ergründen.«

Marit atmete ruhig und gleichmäßig und befolgte die Anweisungen Naimas.
Sie war bereit, die Bilder zu empfangen, die ihr helfen sollten, ihre Erkrankung aus der Sicht ihrer Seele zu verstehen.
Schon bald bemerkte sie einen Druck in ihrem Kopf und teilte dies Naima mit.

»Konzentriere dich auf diesen Druck. Welche Form würdest du diesem Druck geben?«

»Es fühlt sich an wie ein Stein.«
»Frage einmal, mit welchem Menschen dieser Stein eine Verbindung hat.«
»Es zeigt sich meine Mutter.«

»Konzentriere dich weiter auf diesen Druck in deinem Kopf. Bleibt er konstant oder gibt es eine Veränderung?«
»Ja, es verändert sich. Er wandert in den Nacken. Mir ist, als würde mein Kopf nach unten gezogen werden.«
»Frage einmal, welcher Farbe der Druck im Nacken entspricht.«
»Einem Türkis.«
»Wofür steht dieses Türkis?«
»Für Wasser und Freiheit.«
»Konzentriere dich weiter auf den Druck im Nacken und beobachte, ob sich deine Wahrnehmung verändert.«
»Ja, die Arme werden schwer wie Blei und ich sehe eine Hand.«
»Ist es deine Hand?«
»Nein, es ist eine andere Hand, eine weibliche Hand.«
»Kennst du die weibliche Person, zu der die Hand gehört?«
»Ja, es ist meine Mutter.«
»Lass einmal die Hand auf dich wirken. Was empfängst du von dieser Hand?«

»Die Hand will Gehorsam. Sie fasst mich an und drückt meinen Kopf nach unten.«

»Bitte nun um ein Bild, das dir eine konkrete Situation zeigt, in welcher dein Kopf nach unten gedrückt wird. Schau dir dieses Bild an und achte auf die Gefühle, die es in dir auslöst.«
»Ich bin ein kleines Mädchen und will nicht essen. Die Mutter drückt meinen Kopf auf den Teller. Dann muss ich ins Bett.«
»Ist das in Ordnung für dich, dass du ins Bett musst?«
»Ja.«
»Warum?«
»Dort habe ich meine Ruhe.«

»Verbinde dich einmal mit dem Mädchen und erspüre, was es fühlt!«
»Trauer.«
»Wo spürst du die Trauer im Körper?«
»Im Nacken.«
»Kehre zurück zu dem Druck in deinem Kopf und beobachte, ob sich etwas verändert!«
»Ja, der Druck wandert in den Hinterkopf.«

»Frage einmal, ob du weitere Bilder sehen darfst!«

»Ich trage einen Korb mit Eiern. Ich will die Haustür öffnen. Es gelingt mir nicht, ich bin zu klein. Ich springe hoch und dabei fallen die Eier aus dem Korb und zerplatzen.«
»Wie geht es weiter?«

»Die Mutter schimpft. Ich bin schuld. Sie schickt mich in mein Zimmer.«
»Wie geht es nun dem Mädchen?«
»Es ist traurig und hält den Kopf nach unten.«

»Kehre zurück zu deinem Druck im Kopf und bitte um weitere Bilder!«

»Ich sehe eine alte Frau, sie ist verschüttet. Es kommt mir vor, als sei ich diese Frau. Sie hofft auf Hilfe, doch keiner hört sie, sie ist allein.«
»Wie geht es der Frau?«
»Sie atmet schwer. Sie hofft vergebens. Sie muss sterben und erleidet einen qualvollen Erstickungstod.«
»Frage, ob es noch etwas gibt, das du dir anschauen solltest.«

»Ich sehe mich wieder als ein kleines Mädchen. Die Treppe ist so glatt, ich bin hinuntergestürzt. Mein Kopf schlägt auf jeder Stufe auf. Ich rufe nach Hilfe. Die wollen mich nicht hören. Sie haben keine Zeit für mich. Ich bin ihnen zu viel. Jetzt zeigt sich meine kleine Schwester. Sie wird von der Mutter gewickelt und liebkost. Ich schaue zu, stehe daneben, aber die Mutter schaut nur auf das Baby. Nur beim Essen bemerkt sie mich.
Aber ich kann nicht essen. Ich verweigere das Essen, kriege keine Luft. Es ist, als hätte ich einen Kloß im Hals.«

»Warum willst du nicht essen?«

»Ich will nicht wachsen. Ich möchte wieder klein werden, so wie meine Schwester.«
»Warum möchtest du das?«
»Dann hat mich meine Mutter auch lieb.«

»Konzentriere dich nun einmal auf deine Lunge und nimm wahr, wie es sich in deiner Lunge anfühlt!«
»Dort ist es eng. Es ist zu wenig Platz für die Luft.«
»Welche Bedeutung hat für dich die Luft?«
»Luft braucht man zum Leben.«
»Hast du genug Luft zum Leben?«
»Nein.«
»Was brauchst du in deinem Leben?«
»Freiheit und Weite.«
»Was nimmt dir die Luft zum Leben, was engt dich ein? Lass dir zeigen, was du loslassen und verändern musst, damit die Freiheit, die du so dringend brauchst, sich einen Weg in deinem Leben bahnen kann!«

Die inneren Bilder zeigten Marit den Weg.

Der Atem verbindet uns mit dem polaren Lebensfluss. Unser Leben in der materiellen Welt beginnt mit dem ersten Atemzug und endet mit dem letzten. Ein- und Ausatmen bilden die Pole, die sich gegenseitig erzwingen. Die Schwingung

von Pol zu Pol bildet einen Rhythmus, der Ausdruck des dynamischen Lebens ist.
Marit hat in ihrem Leben, besonders in der Kindheit, viel Einsamkeit erfahren. Viel zu oft hatte sie sich allein gelassen gefühlt und erlebte einen Mangel an Wahrnehmung, liebender Geborgenheit und mütterlicher Zärtlichkeit.
Es war nicht so, dass sie der elterlichen Liebe nicht begegnet wäre, doch galt diese vornehmlich der kleinen Schwester. Für sie war die liebende Zuwendung offensichtlich nicht in dem Maße vorhanden, wie sie es sich ersehnt hatte.

Liebe und Geborgenheit sind die Voraussetzungen für den Aufbau eines grundlegenden Urvertrauens dem Leben gegenüber. Vertrauen wir dem Leben, empfinden wir Weite. Vertrauen wir dem Leben nicht, empfinden wir Enge. Wenn es eng wird, bekommen wir Angst.

Marit erkannte, dass sie für ihre seelische Heilung Weite und Freiheit brauchte, um die Enge zu überwinden, die ihr die Luft zum Atmen nahm. Das Loslassen ihres kindlichen Schmerzes war die Voraussetzung, um den neuen Lebensweg, der sich ihr in einem inneren Bild zeigte, zu verstehen und anzunehmen.
Der Weg zu Weite und Freiheit verlangte eine Veränderung ihrer beruflichen Ausrichtung.
Marit ist heute eine bekannte Designerin.

Kapitel 7

Verheißungsvoller Advent

Im Dezember strahlen die tief verschneiten Landschaften eine märchenhafte Ruhe aus. In der Taiga ist es still geworden. Verheißungsvoll kündigt sich die Zeit des Advents an.
Naima liebt diese besonders stille Zeit des Jahres über alles.
Das kleine Haus am Großen Blauen See erstrahlt im Glanz der Lichterketten. Rote dicke Kerzen in schwarzen Eisenlaternen schaffen mit ihrem Schein bei Einbruch der Dunkelheit eine anheimelnde Atmosphäre.
Tannenzweige zu einem Kranz gebunden und mit roten Kugeln verziert, schmücken die moosgrüne Tür mit den weißen Holzschnitzereien.
Auch der Schmuck in ihrem Wohnbereich kündet von der stimmungsvollen Zeit. Auf der bemalten Truhe aus Dalarna steht ein Windlicht, dessen Struktur der Kerzenschein dezent durchbricht. In einer großen Eisenschale sitzt in einem Gesteck aus Fichtenzweigen ein Engel aus Stein, der Bote zwischen Gott und den Menschen, und er erweckt den Anschein, als würde er freudigen Herzens die Botschaft der Heiligen Nacht verkünden wollen.
Große, ausladende Wacholder- und Kiefernzweige, mit

goldgelben Strohsternen geschmückt, stehen in einer Bodenvase mit samischen Motiven.
Körbe, gefüllt mit Zapfen, schaffen, vor dem Kamin stehend, eine winterliche romantische Stimmung. Naima liebt die urigen Zapfen mit ihren manchmal weit geöffneten Schuppen und sammelt sie leidenschaftlich in der Natur.
Immergrüne Efeuzweige zu einem Kranz gebunden und mit silbernen Kugeln verziert, ersetzen nun den schlichten Weidenkranz an der Wand neben dem Kamin.
Wenn die Birkenscheite im Kamin lodern und mit ihrem hellen Schein das Zimmer in einem warmen Licht erstrahlen lassen und es nach Tee duftet, dann kann sich Naima einer Stimmung hingeben, die von Poesie und Träumerei getragen wird.
Die rotbackigen Äpfel in einem auf dem Tisch stehenden und mit frischem Fichtengrün ausgelegten Sisalkorb schimmern seidig im Schein des Feuers.

Jedes Jahr feiert Naima das Weihnachtsfest gemeinsam mit ihren Freunden in einer Hütte, hoch oben in den verschneiten Bergen. Bereits einen Tag vor Heiligabend brechen sie mit den Hundeschlitten auf. Es ist Tradition, dass jede der Frauen für kulinarische Überraschungen sorgt, und so bleibt es bis zuletzt geheim und verborgen, was zum großen Fest gegessen werden wird.
Alles, was oben in der Hütte gebraucht wird, wird gut auf die Schlitten gepackt. Naima hat Vanillekipferl, Zimtsterne,

Pfefferkuchen und einen mit Marzipan gefüllten Stollen gebacken. Außerdem zählte ein Rote-Bete-Salat mit fruchtiger Granatapfelsoße und eine herzhafte Kartoffelsuppe zu ihren kulinarischen Überraschungen.
Die Abfahrt zur Berghütte war wie jedes Jahr aufregend. Die Hunde waren außer sich vor Freude und konnten es kaum erwarten, die Schlitten durch die verschneite Landschaft zu ziehen. Mit Ashanta und Aysha im Gespann war Naima der Musher ihres eigenen Schlittens.
Mit fröhlichem Hundegeheul und zu Tönen sichtbar gewordener Vorfreude der Zweibeiner ging es dann endlich los. Nach gut zwei Stunden waren sie am Ziel. Ture und Mats kümmerten sich um das Ausspannen der Hunde, das Abladen der Schlitten und um Holz für den Ofen, der reichlich gefüttert werden wollte. Am nächsten Tag schmückten Naima, Ingalill und Rigmor den Weihnachtsbaum. Die Männer stellten im Freien Fackeln und Windlichter auf. Als die Dunkelheit hereinbrach, stand die Berghütte still erleuchtet in der winterlichen Bergwelt und es schien, als würde sie voller Demut die Botschaft der kommenden Heiligen Nacht empfangen wollen. Das magische Licht der roten Kerzen in den Fenstern, die golden strahlenden Windlichter und der helle lodernde Schein der Fackeln ließen sie und die Landschaft festlich erstrahlen. Ja, diese Stimmung liebten sie alle sehr.

Mit ihren Freunden ging sie hinaus, um die stille Heilige Nacht zu begrüßen, und sie verweilten in inniger Andacht. Sie fassten sich an den Händen, spürten die Verbundenheit und gaben sie aus tiefstem Herzen weiter an die Menschen, die ihnen nahestanden und derer sie in großer Liebe gedachten. Mit ihnen in dieser Heiligen Nacht vereint waren auch ihre Tiere, mit denen sie ihr Leben teilten, und Dankbarkeit erfüllte ihre Seelen. Im Vertrauen auf die stärkste Kraft in unserem Universum, der Liebe, schenkten sie der Zukunft Glauben, Hoffnung und Zuversicht. Die Sterne, strahlenden Citrinen gleich, leuchteten am Himmel der Heiligen Nacht. In der kleinen Berghütte glänzte das Licht der Kerzen des festlich geschmückten Weihnachtsbaumes. Eine rubinrote Kerze, von Fichtenzapfen umkränzt, schmückte den Tisch, der liebevoll gedeckt war. Der Jultomte, der schwedische Weihnachtsmann, der mit seinem Rentierschlitten durch die tief verschneite Landschaft zieht, hatte sie wohl nicht entdeckt. Der Heilige Abend wurde erfüllt mit Stunden tiefer Besinnlichkeit und viel Freude über die vielen kulinarischen Überraschungen, die allen mundeten. Die wahre Freundschaft, die sie verband, war ihr größtes Geschenk. Mehr Geschenke brauchten sie nicht.

Kapitel 8

Kristoffer und die Sehnsucht nach dem Tod

Kurz nach dem Weihnachtsfest rief ein Mann aus Gävle an. Seine Stimme klang verzweifelt. Er fragte, ob Naima für ihn Zeit hätte, er wolle gleich in den ersten Januartagen kommen.

»Was kann ich für dich tun?«, fragte Naima Kristoffer. »Meine Mutter ist vor fünf Jahren verstorben. Ihren Tod habe ich bis heute nicht überwunden und kann nicht an ihr Grab gehen. Das belastet mich sehr und ich bin darüber sehr traurig. Manchmal habe ich Angst, in eine tiefe Depression zu fallen. Ich möchte wieder ein normales Leben führen und die Vergangenheit hinter mir lassen können. Allein schaffe ich es nicht, aus meinem Gefühlschaos herauszufinden. Ich hoffe, du kannst mir helfen, mein Leben neu zu ordnen.«

Die Stunde mit Naima begann. Schon nach wenigen Minuten bemerkte Kristoffer einen Druck in seiner Stirn und er teilte Naima seine Empfindung mit.
»Bitte, dass sich dieser Druck in einer Farbe zeigt.«

»Es zeigt sich die Farbe Schwarz.«
»Was bedeutet die Farbe Schwarz für dich?«
»Trauer.«
»Lass dir zeigen, mit welchen Menschen diese Trauer eine Verbindung hat!«
»Es zeigt sich meine Mutter.«
»Konzentriere dich auf das innere Bild deiner Mutter und spüre einmal, was du fühlst, wenn du sie ansiehst.«
»Ich fühle Todessehnsucht.«
»Du hast Sehnsucht nach dem Tod?«
»Ja.«
»Warum?«
»Ich bin schuld am Tod meiner Mutter. Ich kann nicht zu ihrem Grab gehen, ich habe Angst davor, ihr zu folgen.«
»Lass dir die Bilder zeigen, die dir deine Sehnsucht nach dem Tod verständlich machen.«

Kristoffer folgte den Worten Naimas, die für ihn die Brücke zu seiner Seele baute, die nunmehr, fast dramatisch, die Bilder offenbarte.
»Ich bin gerade geboren, sehe mich als Baby. Da ist auch meine Mutter. Ich wollte aber nicht kommen.«
»Du bist aber gekommen, warum?«
»Ich kam, um meine Mutter zu beschützen.«
»Wovor wolltest du die Mutter schützen?«
»Vor dem Selbstmord.«
»Warum glaubst du, dass du deine Mutter schützen musst?«

»Weil ich schuld bin.«
»Bitte um innere Bilder, die dir zeigen, warum du glaubst, schuldig zu sein.«

»Ich sehe einen Siedlerwagen. Ein alter Mann ist sehr krank. Er braucht Hilfe. Da ist noch eine Frau mit einem Jungen. Die Frau schickt den Jungen fort. Er soll Hilfe holen. Er schafft es nicht.«
»Warum schafft er es nicht? Was ist passiert?«
»Er war so allein und zu schwach. Er starb.«
»Fühle dich einmal in den Jungen hinein. Mit welchen Gedanken ging er aus dem Leben?«
»Er fühlte sich als Versager. Nun würde auch die Mutter sterben müssen.«

»Lass dir weitere Bilder zeigen!«
»Alles ist weiß. Es ist Schnee. Ich sehe einen Schlitten. Da ist ein krankes Kind. Es sitzt im Schlitten. Sein Kopf glüht. Ich glaube, es hat hohes Fieber.«
»Was siehst du noch?«
»Ich sehe eine Frau, das ist die Mutter. Sie liegt im Schnee.«
»Was ist mit ihr?«
»Sie ist tot.«
»Und was ist mit dem Kind?«
»Das Kind will ihr folgen.«

»Vielleicht gibt es noch weitere Bilder, wenn ja, dann bitte darum, dass du sie sehen darfst!«, sprach Naima mit ruhiger und leiser Stimme.
»Ich sehe einen rauchenden Schornstein. Jetzt spüre ich einen großen Druck auf meinem Brustkorb. Das Atmen fällt mir schwer.«
»Was zeigt sich noch?«
»Menschen stehen nackt in einer großen Halle.«
»Was spürst du, wenn du auf dieses Bild schaust?«
»Ich spüre Angst.«
»Warum stehen die Menschen nackt in der Halle?«
»Ich weiß es nicht. Die Menschen schreien und weinen. Da ist eine Frau, sie hält an ihrer Hand einen Jungen. Die Frau wird gestoßen, sie stürzt zu Boden. Panik bricht aus. Sie verliert den Jungen.«
»Was geschieht mit diesen Menschen?«
»Sie sterben, sie sterben alle, auch die Frau und der Junge.«

»Kehre nun zurück zu dem inneren Bild deiner Mutter und konzentriere dich auf ihre Augen! Was empfängst du von ihren Augen?«
»Ablehnung.«
»Warum glaubst du, lehnt dich die Mutter ab?«
»Ich mache alles falsch. Sie ist mit mir nicht zufrieden. Sie will es dann selbst machen. Immer setzt sie mich unter Druck.«

»Lass dir ein Bild zeigen aus den Tagen, als deine Mutter starb! Hast du ein Bild?«

»Ja.«

»Was fühlst du bei diesem Bild?«

»Ich habe mir gewünscht, von der Mutter frei zu sein, wollte nicht mehr unter ihrem Druck stehen. Aber diesen Weg habe ich nicht gewollt. Jetzt fühle ich mich schuldig, sie ist nun tot, weil ich mir gewünscht habe, frei zu sein.«

»Lass einmal dieses Schuldgefühl vollkommen zu. Wo spürst du es im Körper?«

»In meinem Kopf.«

»Konzentriere deine Wahrnehmung auf deinen Kopf. Was löst dieses Schuldgefühl, das du in deinem Kopf spürst, aus?«

»Ich habe Angst, tief zu fallen.«

»Kannst du diese Angst, tief zu fallen, näher beschreiben?«

»Ja, ich sehne mich nach dem Tod, weil ich glaube, er ist eine Befreiung.«

»Glaubst du wirklich, dass dieser Weg für dich richtig ist?«

»Nein, das ist er nicht.«

Die Themen Schuld und Verantwortung haben in unserem Leben einen großen Stellenwert. Tagtäglich sind wir gezwungen Entscheidungen zu treffen. Wir entscheiden uns für etwas und gleichermaßen gegen etwas. Das ist das Dilemma in einer polaren Welt. Unsere Entscheidungen sind für uns selbst und für unsere Umwelt stets mit Konsequenzen verbunden. Welche Entscheidung wir jetzt oder später im Rückblick als richtig oder falsch empfinden, hängt im hohen Maße von unseren emotionalen Erfahrungsmustern und mentalen Glaubenssätzen ab, die tief in unserer Seele verankert sind. Gleich, welche Entscheidung wir früher getroffen haben oder welche wir jetzt oder in Zukunft treffen, sie wird in ihren Auswirkungen aus der Sicht unserer Umwelt sehr unterschiedliche Bewertung finden, auch durch uns selbst, wenn wir später auf unsere Handlungen zurückblicken.

Sind die Konsequenzen unserer Entscheidungen oder die der Mitmenschen negativ, weisen wir anderen und uns selbst Schuld zu. Mit dieser Last der Schuld werden wir zu Gefangenen und erdrücken unseren Selbstwert. Haben wir ein schwaches Selbstbewusstsein, ist es für andere leicht, unsere Schwächen zu erkennen und uns eine Verantwortung aufzubürden, die wir in Wirklichkeit nicht tragen müssten.

Kristoffers Mutter setzte in ihren Sohn große Erwartungen, die er offensichtlich nicht erfüllen konnte oder nur sehr selten zu ihrer Zufriedenheit. Die Angst zu versagen und die Last der Schuld zu fühlen, führte bei Kristoffer zu einer Sehnsucht nach dem Tod, um sich von diesem Druck zu befreien.

Für Kristoffer war es wichtig, zu erkennen, dass es keinen Grund gab, sich als Versager zu fühlen und sich von Schuldgefühlen das Leben vergiften zu lassen. Vielmehr verhalfen ihm die Seelenbilder zu verstehen, sich der tief verwurzelten Versagensängste, Schuldgefühle und Abhängigkeiten bewusst zu werden und deren Überwindung als Teil seiner

Lernaufgaben zu sehen und ihnen damit die zerstörerische Macht über sich selbst und sein Leben zu nehmen.
Kristoffer folgte dem plötzlichen Impuls seiner Seele, die verstorbene Mutter in die Arme zu schließen, und er hatte das Gefühl, sie sei anwesend und erstmals spürte er, was er das ganze Leben lang gesucht hatte – Liebe, Wärme, Vergebung, Befreiung.

Wir Menschen dürfen Fehler machen, sie gehören zu unserem Lern- und Entwicklungsprozess dazu. Toleranz, Verständnis, Güte und Vergebung sind die Tugenden des Menschen, wenn wir an unseren Fehlern oder unserem Unvermögen nicht zerbrechen wollen. Letztlich wollen wir doch alle das Leben mit seinen Herausforderungen so gut wie möglich meistern und sind dabei sehr wohl auf gegenseitige Hilfe angewiesen. Kraftvolle Menschen sollten Schwächere an ihrer Kraft teilhaben lassen und sie ermutigen, über sich selbst hinauszuwachsen.

Kapitel 9

Lotta und das Versprechen am Sterbebett

Lotta, eine Frau um die fünfzig, kam Ende Januar zu Naima. Sie erzählte: »In der nächsten Woche werde ich operiert. Ich habe ein Melanom. Nach der Operation werde ich mich einer Chemotherapie unterziehen. Eine Freundin hat dich empfohlen. Ich will keinen Weg unversucht lassen, denn ich will wieder gesund werden. Deshalb bin ich hier.«

Sehr schnell fasste sie zu Naima Vertrauen. Sie war bereit, sich auf Naima einzulassen und der inneren Führung zu lauschen und die Botschaften zu empfangen. Naima brachte Lotta in Verbindung mit ihrer Seele und schon nach wenigen Minuten hatte sie erste Wahrnehmungen.

»Mein Kopf fühlt sich schwer an. Ich friere und spüre die Kälte an Armen, Füßen und Rücken.«

»Lass dich einmal vollkommen auf diese Kälte ein. Welches Gefühl löst diese Kälte in dir aus?«

»Angst.«

»Konzentriere dich nun auf dein Herz und achte auf deine Wahrnehmungen!«

»Mein Herz ist voller Unruhe.«

»Mit welcher Farbe hat diese Unruhe in deinem Herzen ein Verbindung?«
»Es zeigt sich die Farbe Schwarz.«
»Was bedeutet für dich die Farbe Schwarz in deinem Leben?«
»Tod.«
»Wann bist du mit dem Tod in Berührung gekommen?«
»Als meine Eltern starben.«

»Konzentriere dich einmal auf die Farbe Schwarz, die für dich Tod bedeutet. Was löst sie in dir aus?«
»Mein Körper beginnt zu zittern.«
»Konzentriere dich nun einmal auf deine Mutter und bitte, dass sie dir innerlich erscheint. Was spürst du beim Anblick deiner Mutter?«
Tränen rannen über Lottas Gesicht und sie antwortete: »Ich spüre ihren Schmerz. Mir zittert alles.«

»Und nun konzentriere dich auf deinen Vater und bitte auch ihn, dir vor deinem geistigen Auge zu erscheinen. Hast du eine Wahrnehmung?«
»Ja, mein Herz verkrampft sich.«
»Was bedeutet der Verlust des Vaters für dich?«
»Ich habe meinen Halt und seine Liebe verloren. Es tut so weh. Es gab eine Zeit, da wünschte ich mir ebenfalls tot zu sein, ich wollte bei ihm sein.«
»War er krank, dein Vater?«
»Ja, er ist an Krebs gestorben.«

»Wie bist du mit seiner Krankheit umgegangen?«
»Ich habe mit ihm gelitten, es war unerträglich für mich.«

»Bitte nun deine Seele, dir ein Bild aus den letzten Lebenstagen deines Vaters zu zeigen.«
»Ich sehe mich am Sterbebett meines Vaters sitzen.«
»Was passiert in dieser Situation?«
»Ich verspreche meinem Vater, mich um meine Mutter zu kümmern.«
»Hast du dein Versprechen erfüllen können?«
»Nein.«
Wieder musste Lotta weinen und Naima gab ihr Zeit für ihre Tränen, die den Schmerz aus der Seele entließen.

»Was ist passiert, Lotta?«
»Ich bin schuld am Tod meiner Mutter.«
»Warum glaubst du das?«
»Sie wollte bei mir leben.«
»Warum wollte sie bei dir leben?«
»Sie war alt und gebrechlich.«
»Hast du sie zu dir genommen?«
»Nein, meine Wohnung ist zu klein. Es war für uns beide zu wenig Platz. Ich bin Vertreterin und viel unterwegs, hätte mich nicht ausreichend um meine Mutter kümmern können.«
»Blieb die Mutter in ihrem Zuhause?«
»Nein. Sie musste in ein Altersheim, sie brauchte Betreuung.«

»Hat sie deine Entscheidung respektiert?«
»Ich glaube nicht.«
»Was ist passiert?«
»Einen Tag nach ihrem Einzug hat sie sich erhängt.«
»Wie hast du dich gefühlt, als du diese Nachricht bekommen hast?«
»Ich habe mich entsetzlich schuldig gefühlt und war sehr verzweifelt.«
»Wo spürst du deine Verzweiflung und deine Schuld in deinem Körper?«
»Es zeigt sich das Melanom.«

Geburt und Tod sind ebenfalls Pole des schwingenden Lebens. Wird ein Mensch geboren, ist ihm der Tod gewiss. Das ist eine klare Aussage. Man kann es auch so ausdrücken: Der Tod folgt der Geburt gesetzmäßig. Doch dieses Gesetz zu akzeptieren, fällt uns besonders in unserem Kulturkreis sehr schwer. Der Tod gehört zu unserem Schicksal. Er nimmt uns Menschen, die wir lieben. Das ist schmerzvoll und nur schwer auszuhalten. Selbst wenn einem der Gedanke an Wiedergeburt nicht fremd ist, hilft es, verstandesmäßig Abstand zu wahren, was aber mit den Emotionen nur kaum gelingt. Wenn wir zusätzlich das Gefühl haben, uns der verstorbenen Person gegenüber schuldhaft verhalten zu haben, wird es noch unerträglicher, können wir doch nun nichts mehr rückgängig machen.
Auch Lottas Begegnung mit dem Tod war verbunden mit

Leid. Der Verlust ihres geliebten Vaters nahm ihr den Halt, den er ihr viele Jahre gegeben hatte. Sie fühlte sich nicht nur haltlos, sondern auch seine väterliche Liebe ging verloren. Diesen Verlust zu verarbeiten, nahm ihr viel Kraft.
Das Versprechen am Sterbebett ihres Vaters, sich um die Mutter zu kümmern, konnte sie aus verschiedenen Gründen nicht einlösen. Die kranke Mutter, die offensichtlich große Schwierigkeiten mit ihrer gesundheitlichen Situation hatte und offenbar nicht bereit war, die Lebenssituation der Tochter zu verstehen und die Notwendigkeit der Betreuung in einem Heim einzusehen, brachte Lotta mit ihrem Selbstmord in eine fatale Bedrängnis. Hätte ich doch meine Mutter zu mir genommen, dann würde sie noch leben. Wer würde im ersten Moment nicht so denken. Der Tod ist schmerzvoll, aber wie will man damit umgehen, wenn dieser in einem Suizid mündet, nachdem eine Situation entschieden wurde. Lotta hat sich die Schuld am Selbstmord ihrer Mutter gegeben und das Versprechen, das sie ihrem Vater gab, nicht gehalten. Ihr Konflikt mündete in einer lebensbedrohlichen Erkrankung – im schwarzen Hautkrebs.

Nun erkannte Lotta, dass es keinen Grund gab, sich schuldig zu fühlen und sich davon erdrücken zu lassen. Im Gegenteil: Sie hatte ihr Bestes getan, indem sie dem Flehen des Vaters nachgab und es ihm dadurch erleichterte, in Frieden zu sterben. Sie hatte versucht, ihr Versprechen einzulösen, war aber durch das Verhalten der Mutter an ihre Grenzen gestoßen,

die sie vor die Entscheidung stellten, ihr eigenes Leben vollständig zu opfern oder der Mutter nun endlich die emotionale Macht über ihre eigene Existenz zu entziehen. Ja, dieser Schritt wäre weit früher notwendig gewesen, wodurch beiden Seiten viel Leid erspart geblieben wäre. Nun musste das Leben selbst eine Entscheidung erzwingen, indem es Lotta an die Grenze ihrer eigenen Existenz führte. Hier ist kein Platz für Schuld.
Die inneren Bilder halfen ihr zu verstehen, dass sie das Recht auf ihren Beruf und den damit verbundenen Lebensunterhalt hat, der ihr Souveränität sicherte, und dass Eltern nicht verlangen können, alles aufzugeben, aber selbst nicht bereit sind, auf Veränderungen des Lebens zu reagieren. Den Eltern zu helfen, die Betreuung und die Pflege zu bekommen, die sie benötigen, das ist richtig. Ebenso ist es richtig, Eltern zu pflegen. Es ist aber falsch, das eigene Leben zu opfern und aus einem falsch verstandenen Pflichtgefühl heraus sich selbst, eigene Wünsche und eigene Selbstverwirklichung zu verleugnen.

Die seelische Aufarbeitung ihrer verdrängten Probleme löste die energetische Blockade und setzte in Lotta neue Lebenskraft frei. Voller Zuversicht überließ sie sich nun der kundigen Hand des Chirurgen.

Kapitel 10

Der zauberhafte nordische Winter

Im Februar beginnt im hohen Norden die schönste Winterzeit. Wenn das Land aus der Polarnacht erwacht und die Sonnenstrahlen die Schneekristalle zum Glitzern bringen, dann offenbaren sich die weiten weißen Wälder als frostige Schönheiten. Es schien, als hätte Väterchen Frost zu Beginn des Winters über die florale Welt nur Puderschnee gehaucht und nun die Gehölze mit dickem Schneebehang zu Fabelwesen verwandelt. Die brausenden Stromschnellen der majestätischen Flüsse des Nordens hatte Väterchen Frost mit seinem Zepter aus Eis zu bizarren Märchenfiguren verzaubert. Die Luft, rein wie ein Bergkristall, ist ein Lebenselixier. Der morgendliche Himmel zeigt sich zartblau wie ein Aquamarin und in rosa Streifen, die an die Farbe eines Rosenquarzes erinnern. Der Winter im Norden Schwedens ist traumhaft schön. Wenn das farbig leuchtende Flammenmeer des Nordlichts über den klaren und stillen Himmel der Polarnacht zieht, dann geht Naima auf ihren Schneeschuhen hinaus in die Natur, um dieses grandiose Schauspiel voller Hingabe in sich aufnehmen zu können. Die Faszination des uralten Tanzes der Polarlichter ist mit Worten nicht zu beschreiben.

In der stillen Erhabenheit der Winterlandschaft gibt es für Naima nichts Schöneres, als mit Ashanta und Aysha im Gespann mit dem Schlitten durch den Morgen zu gleiten.
Die florale Welt hält einen tiefen Winterschlaf. Doch die Taiga lebt. Rentiere und majestätische Elche durchstreifen die Wälder. Sie gehören zu den Überlebenskünstlern des Nordens, denn sie wissen, dass unter der schützenden Schneedecke Moose, Winterpilze und Flechten Nahrung bieten. Sie wissen auch um die Heilkraft von Rentierflechten, Rinden, Samen und Wurzeln. So herrscht vor allem auch unter der dicken Schneedecke reges Treiben. Hier leben die nordische Spitzmaus, die neugierigen Lemminge und eine Vielzahl anderer kleiner Nager, nicht zu vergessen der imposante Schneehase. Die auch im Winter aktiven Raubtiere der Wildnis, Wolf, Luchs, Fuchs und der von den ehemals nomadisierenden Samen gefürchtete Vielfraß, wittern die unter dem Schnee lebenden Kleintiere und erjagen sie. Hoch oben am azurblauen Himmel kreisen am Tage die stolzen Räuber der Lüfte über die Schneelandschaft und Naima erfreut sich jeden Tag an den bunten Schwärmen der Kleinvögel, die ihr großes Futterhaus besuchen. Nur der König der Wildnis, der Bär, hält Winterschlaf.
Wenn sie dann nach Stunden wieder heimkehrt, schlafen Ashanta und Aysha tief und fest und Naima kann es sich mit ihrem Kater Charis an ihrem Kamin gemütlich machen. Wenn die Flammen lodern und der Schein des brennenden Birkenholzes den Raum mit Licht und Wärme erfüllt und es

nach frisch gebrühtem Kräutertee duftet, dann beginnt ihre Stunde des Tages, die von Meditation und stillen Träumen erfüllt ist. Sie weiß, sie ist in ihrem Leben angekommen. Der Weg des Suchens ist zu Ende. Sie hat eine Heimat gefunden und ihre Berufung erkannt, die sie nun mit Leben erfüllen und verwirklichen kann. Die Wärme des Feuers öffnet die zauberhaften Blüten der in einem Krug stehenden Hamameliszweige, die einen intensiven Duft verströmen. Weiß blühende Alpenveilchen auf den Fensterbänken sind für Naima ein Inbegriff klarer Schönheit und Reinheit.

Sie kuschelte sich in ihre warme samische Decke und ließ sich in die Welt der Erinnerungen hineinfallen. Sie dachte an den Rotfuchs, der im letzten Sommer nahezu jegliche Scheu vor den Hunden verloren hatte und wochenlang jeden Tag in der Dämmerung kam, um sich an dem eigens für ihn ausgestreuten Futter zu laben. Naima nannte ihn »James«. Bei einer ihrer abendlichen Wanderungen mit den Schneeschuhen, die sie so gern mit Ashanta und Aysha bei Mondlicht unternahm, geschah das Unerwartete. Eine Mondnacht in der verschneiten Taiga ist pure Mystik. Durch die glasklare Luft dringt das Mondlicht fast ungehindert zur Erde und taucht die nächtliche Schneelandschaft in ein intensives silbrig-bläuliches Licht. Die sich ständig verändernden Schattenspiele lassen auf dieser natürlichen Leinwand mystische Gebilde hervortreten, die aussehen wie Wesenheiten aus einer anderen Dimension. In jener Mondnacht trat Naima noch ganz erfüllt von der Mystik des Waldes hinaus auf eine Lichtung. Mit Ashanta und Aysha, die neben ihr im Schnee saßen, bot sich im silberblauen Licht des Mondes ein grandioses Bild der Weite bis zu den im Mondlicht stahlblau leuchtenden Bergen am Horizont. Urplötzlich sprangen Ashanta und Aysha auf – und da waren sie: drei, nein fünf große, schlanke Hunde, deren Konturen sich scharf im Gegenlicht von der Schneefläche abhoben und die in enormen gestreckten Sprüngen über die Lichtung in Richtung des gegenüberliegenden Waldes flüchteten. Erst wenige Augenblicke später begriff Naima: Es waren Wölfe, die sie hier aus nur fünfzig bis sechzig Meter Entfernung zum ersten Mal in der freien Natur sah. Naima weiß, nach Erlebnissen dieser besonderen Art kann man süchtig werden.

KAPITEL II

Lennart und der schwierige Umgang mit Autorität

Lennart, ein junger Mann Anfang dreißig mit einem aufgeweckten Interesse für das Ungewöhnliche, erwartete Naima an einem der lichtdurchfluteten Wintertage im Februar. Groß, schlank, mit dunklem Haar und wachen blauen Augen saß Lennart ihr gegenüber. Was mag diesen jungen Mann wohl zu mir geführt haben?, dachte Naima. Und dann sprach Lennart über seine Schwierigkeiten in seinem Arbeitsumfeld. Er habe noch niemals mit Vorgesetzten umgehen können. Ihre Entscheidungen zu befolgen, könne er nicht einlösen, er wisse auch nicht warum, aber gerade seine Abwehr bringe ihn in Bedrängnis. Er wisse, dass er sich falsch verhalte. Schon oft habe er sich vorgenommen, sich zu ändern, aber eine innere Kraft halte ihn scheinbar immer wieder davon ab, den Anweisungen seiner Vorgesetzten Folge zu leisten. Er sei offen für alles und neugierig darauf, was wohl Naima mit ihm anstellen würde. Nun ja, dann wolle er mal sehen, was so passiert.

Diese erfrischende Art des jungen Mannes gefiel Naima sehr. »Lennart, ich bin genauso gespannt wie du, warum du Schwierigkeiten im Umgang mit Autoritäten hast«, sagte sie zu ihm.

Lennart ließ sich von Naimas Stimme und leiser Musik in einen tiefen Entspannungszustand führen. Nach ein paar Minuten spürte er einen Druck in seinem Magen.
Naima sagte: »Frage einmal, mit welchem Menschen aus deinem Leben dieser Druck eine Verbindung hat.«
»Es zeigt sich mein Vater.«
»Konzentriere dich auf ein inneres Bild von deinem Vater, nimm ihn einfach wahr.«
»Mein Herz tut mir weh.«
»Kannst du den Schmerz in deinem Herzen näher beschreiben?«
»Ja, es ist wie eine Wand, die auf mein Herz drückt.«
»Stelle dir die Wand einmal bildlich vor und frage, was sie symbolisch darstellen will.«
»Vorhaltungen und Vorschriften.«
»Wer macht dir Vorhaltungen und Vorschriften?«
»Mein Vater.«
»Wie reagierst du auf seine Vorschriften?«
»Ich befolge sie nicht.«
»Wie reagiert dein Vater auf deine Verweigerung?«
»Er bestraft mich.«
»Sind die Vorschriften des Vaters für dich nicht akzeptabel?«

»Sie sind akzeptabel. Ich sträube mich aber dagegen, sie zu befolgen.«
»Ist die Bestrafung des Vaters für dich in Ordnung?«
»Ja, ich würde an seiner Stelle genauso handeln.«

»Kehre nun zu deinem Magen zurück und konzentriere dich auf den Druck. Bitte um weitere Bilder.«
»Ich sehe meine Deutschlehrerin.«
»Lass dir eine konkrete Situation zeigen.«
»Ich störe den Unterricht, mache grundsätzlich das Gegenteil von dem, was sie von mir will, handle mir dadurch viel Ärger ein.
Nun sehe ich meinen Chef. Mit ihm ist es genau das Gleiche. Ich gehe voll auf Opposition. Das ist sehr schwierig mit mir. Er tut mir leid. Er ist so ein lieber Kerl. Warum verhalte ich mich so? Es nervt mich selbst.«

»Bitte deine Seele um die Klarheit, die du nun brauchst, um dein Verhalten verstehen zu können.«

Lennart folgte der Stimme Naimas und plötzlich waren sie wieder da, die inneren Bilder.
»Ich sehe Wasser, hohe Wellen. Es ist das Meer. Da ist ein U-Boot, Menschen schwimmen im Wasser.«
»Was ist da passiert, lass es dir zeigen!«
»Ich sehe ein Schiff, es geht unter. Die Menschen im Wasser wollen sich retten, sie schreien.«

»Können sie sich retten?«
»Nein.«
»Kann ihnen niemand helfen?«
»Doch, aber sie dürfen nicht.«
»Wer darf ihnen nicht helfen?«
»Die Männer auf dem U-Boot.«
»Warum?«
»Der Kapitän verbietet es.«

»Verbinde dich nun einmal mit den um ihr Leben ringenden Menschen. Was fühlst du bei ihrem Anblick?«
»Mitleid, Schmerz, Entsetzen, Ungerechtigkeit.«
»Was empfindest du für den Kapitän?«
»Abscheu und Verachtung.«

»Was passiert mit den Männern auf dem U-Boot?«
»Sie sind ebenfalls umgekommen, aber viel später.«

»Lass dir ein Bild zeigen vom Untergang des U-Bootes! Was kannst du wahrnehmen?«
»Es wurde von einem Torpedo getroffen. Ich sehe einen Mann, er zittert vor Angst.«
»Verbinde dich einmal mit diesem Mann! Mit welchen Gefühlen und Gedanken geht er in den Tod?«
»Befehle bringen den Tod. Er beschließt, keinen Befehl mehr zu befolgen.«

Lennart war tief berührt, mit welcher Klarheit und emotionalen Tiefe er diese Ereignisse erlebte, so als wären sie gerade erst geschehen.

»Nein, es war anders als ein Traum, ich war wirklich dabei«, sagte er erstaunt.

Jede weitere Spekulation über die Realität des Erlebten schien ihm unnötig. Viel wichtiger war die eigene Erkenntnis, die er, ohne eine Äußerung Naimas abzuwarten, mit sichtbarer Erleichterung formulierte: »Ich weiß jetzt, noch mehr als vorher, dass ich mich für den richtigen Weg entschieden habe – ein Leben in Freiheit und Selbstbestimmung zu führen, ja, auch den Mut zu haben, für das einzutreten, was ich im tiefsten Inneren als richtig erkenne. Blinder Gehorsam und ein Leben in Fremdbestimmung werden auch zukünftig für mich nicht mehr infrage kommen. Aber seltsam: Ich habe das bisher immer als qualvollen Zwang, als eine Art unerklärlichen Trieb erlebt, verbunden mit der ständigen Angst, meine Selbstachtung zu verlieren, mich unterwerfen zu müssen, auch wenn es nur um ganz banale Entscheidungen oder Aufträge ging, wenn sie von meinem Vorgesetzten kamen. Es war, als müsste ich ständig um meine Eigenständigkeit kämpfen. Ich weiß nicht warum, jetzt auf einmal empfinde ich das alles viel lockerer. Es erscheint mir nun fast lächerlich, wie ich mich verhalten habe. Das Druckgefühl ist plötzlich weg, wenn ich an den morgigen Arbeitstag denke. Wie gesagt, mein Chef ist eigentlich ein netter Kerl – komisch, jetzt bin ich sogar neugierig darauf, ob er es merken wird, dass ich mich anders verhalten werde. Natürlich werde ich auch künftig meinen Standpunkt vertreten und schließlich will ich in meinem Beruf auch meinen Beitrag leisten und Erfolgserlebnisse haben. Irgendwie bin ich jetzt aber frei von dem Zwang, meinem Chef stets in allen Punkten Paroli bieten zu müssen. Jetzt, wo das weg ist, fühle ich mich viel freier.«

Lennart erkannte, dass ihn seine seelische Blockade daran gehindert hatte, den Weg der Mitte zu finden. Die panische Angst vor Unterwerfung, Fremdbestimmung und Abhängigkeit hatte ihn mit Verbissenheit in den Kampf um eine vermeintliche absolute persönliche Freiheit vor jeder Art von Autorität flüchten lassen.

Dies musste ihn in unserer strukturierten Welt des gesellschaftlichen Zusammenlebens zwangsläufig mit sich selbst und anderen in Schwierigkeiten bringen.

Nichts kann existieren ohne organisierende Strukturen und höhere Ordnungsprinzipien, die in dieser oder jener Form stets auch einen hierarchischen Aufbau haben. Dies ist im gesamten Universum so und in jeder noch so demokratischen Gesellschaft.

Dies schließt ein Leben in Selbstbestimmtheit keineswegs aus.

Den Weg der Mitte zu gehen bedeutet für Lennart in diesem Fall, seinen Vorgesetzten nicht als autoritären Despoten zu betrachten, sondern die schöpferische Zusammenarbeit mit

ihm zu suchen und sich an gemeinsamen Erfolgen zu freuen. Dies schließt auch einen fairen Wettbewerb um die besten Ideen und Wege zur Lösung der gemeinsamen Arbeitsaufgaben und damit verbundenen Chancen des eigenen Aufstiegs in der Führungshierarchie nicht aus. Diese natürliche Konkurrenzsituation spielte aber im Fall des Verhältnisses zwischen Lennart und seinem Chef keine Rolle.
Er ist heute stolz, für seine wertvollen Beiträge zur Lösung der Arbeitsaufgaben seiner Abteilung mehrfache Auszeichnungen erhalten zu haben.

Kapitel 12

Der Weg der Heilung

Naima saß in ihrem Schaukelstuhl vor dem Kamin und schaute in die lodernden Flammen.
Sie dachte an die Menschen, die zu ihr fanden und denen sie helfen konnte, das Verborgene sichtbar zu machen, alten Schmerz loszulassen und sich für neue Lebenswege zu öffnen.
Ja, sie gestand es sich gern ein, es ist eine zutiefst erfüllende Aufgabe, anderen Menschen in schwierigen Lebenssituationen eine Begleiterin sein zu dürfen und sie zu unterstützen, den Weg der seelischen Heilung und die eigene Heilkraft in sich selbst zu entdecken.
Naima weiß, wenn man den Anspruch erhebt, anderen Hilfe zur Selbsthilfe geben zu wollen, ist dies verbunden mit der Notwendigkeit, kontinuierlich an der eigenen Heilung zu arbeiten.
Wie will man sich auf andere Menschen seelisch einlassen, wenn man Gleiches in sich trägt und über das Mitleid in Resonanz mit dem Leid des anderen kommt. Das geht wohl kaum!
So wie Parzival sich auf die Suche nach dem Heiligen Gral

begibt, sollten wir uns auf die Suche nach Heilung begeben. Parzival muss finstere Wälder durchstreifen, muss gegen Ritter und Riesen kämpfen und erst nachdem er alle Prüfungen bestanden hat, darf er den Heiligen Gral erblicken.

Die Heilung der Seele erfordert auch von uns Menschen, der eigenen Finsternis die Stirn zu bieten und sich mit den inneren Dämonen und Schattengeistern auseinanderzusetzen.
Tief verwurzelte Emotionen und Glaubenssätze hindern uns daran, unser wahres seelisches Potenzial zu entdecken und das Leben zu führen, das uns entspricht.
Die Auseinandersetzung mit dem Verborgenen, dem Schatten, reicht aber allein nicht aus.
Im Nachhinein prüft uns das Leben, ob wir die als notwendig erkannten Veränderungen in unserem Bewusstsein und in unserem Leben integriert haben. Heilung bedeutet eben auch, überholte Lebensansichten und Lebensgewohnheiten zu ändern.
Das klingt so logisch und einfach, dennoch ist der Weg der Heilung oftmals sehr steinig und fordert uns voll und ganz. Sich selbst zu begegnen ist manchmal unglaublich schwer.
Der indische Yogi Yogananda sagte einmal, dass körperliche Krankheit und seelisches Leid von uns selbst verursacht werden, wenn wir nicht in Harmonie mit den Gesetzen des Lebens leben.
Ärger, Gier, Neid, Eifersucht, Hass, Fanatismus, Rachsucht, Melancholie, selbstsüchtiger Ehrgeiz und körperliche sowie

geistige Trägheit führen uns sehr schnell in einen disharmonischen Zustand.
Die Folge sind Unzufriedenheit und Unausgeglichenheit. In diesem Zustand sind wir weit davon entfernt, das Leben in seiner Fülle, in seiner Ganzheit verstehen und erfahren zu können.

Wenn wir bereit sind, den Abstieg in das Reich der Schatten zu wagen, verbindet sich damit die Chance, genau in dieser Begegnung mit dem Verborgenen zu wachsen, zu reifen, ja heiler zu werden. Solange wir uns des Schattens nicht bewusst sind, hat er Macht über uns. Vielen Menschen fehlt leider der Mut und oftmals das Verständnis über die tiefer gelegenen seelischen Ursachen für ihre gegenwärtigen Lebensprobleme.
Lässt man sich auf das Verborgene ein und ist bereit, alte Ängste, Zweifel, selbstzerstörerische Aggressionen in das Licht des Bewusstseins zu heben und sterben zu lassen, geht man mit Erkenntnis und neuer seelischer Kraft aus diesem Prozess hervor.
Die Ursachen unserer Probleme sind sehr vielschichtig. Auf unangenehme Erfahrungen reagieren wir oftmals mit einer Blockade der damit verbundenen Emotion. Das bedeutet: Der natürliche Energiefluss der Emotion wird unterbrochen. Wenn wir uns mit verdrängten Lebensthemen auseinandersetzen, kommen wir wieder in Berührung mit blockierten Emotionen, die nun die Chance bekommen zu sein. Für

einen Moment spüren wir nun das befreite Gefühl und haben die Chance, uns mit der Lebenssituation auszusöhnen.
Sicher, es ist nicht leicht, diesen alten seelischen Schmerz zu erfahren, doch gleichermaßen ist es der Weg in die Freiheit von der Last der Vergangenheit und man erkennt, dass sowohl positives als auch negatives Erleben zu unserer polaren Erfahrungswelt gehören.
Wenn wir bereit sind für Vergebung, dann söhnen wir uns nicht nur mit anderen und mit uns selbst aus, sondern auch mit dem Leben selbst, das wir zu einer bestimmten Zeit als feindlich erfahren haben und das uns dennoch dazu einladen möchte, ihm vertrauensvoll zu folgen.

Die Heilung der Seele ist ein langer, langer Weg und berührt letztlich in seiner Tiefe eine spirituelle Dimension, die jegliches rationales Verstehen überragt.
Wir können nur Schritt für Schritt heiler werden in einem uns angemessenen Tempo. Ob wir seelisch gesunden wollen – diese Entscheidung trifft jeder selbst in eigener Verantwortung. Auf Wunderheilung und Wunderheiler sollten wir dabei nicht hoffen. Wir müssen uns schon selbst anstrengen!
Naima weiß jedoch, dass höhere geistige Kräfte jeden Menschen unterstützen, der aufrichtig seinen Weg der seelischen Heilung sucht. Die natürliche Heilkraft, so hat es einmal Hippokrates formuliert, liegt im Inneren eines jeden von uns.

Sei gegenwärtig in allem, was du tust,
die einzige Wirklichkeit ist jetzt.
Solange du Vergangenem nachhängst
oder Zukünftigem nachstellst,
bist du nicht wirklich hier, am Leben.

Aus dem Zen-Buddhismus

Von Ricarda Jaekel ebenfalls lieferbar:

Im Land der Sonne und des Windes
Die Geschichte von Lillemor und Staffan
Für alle, die auf der Suche sind
Teil 1
2010. 128 Seiten. Paperback € 12,80. SFr. 21,90
ISBN 978-3-89950-437-8

Im Land der Sonne und des Windes
Die Heilung der Seele – Der Weg der Mitte
Teil 2
2010. 96 Seiten. Paperback € 9,80. SFr. 17,50
ISBN 978-3-89950-566-5

www.edition-fischer.de • www.rgfischer.de